仰韶文化

仰韶文化

安志敏 著

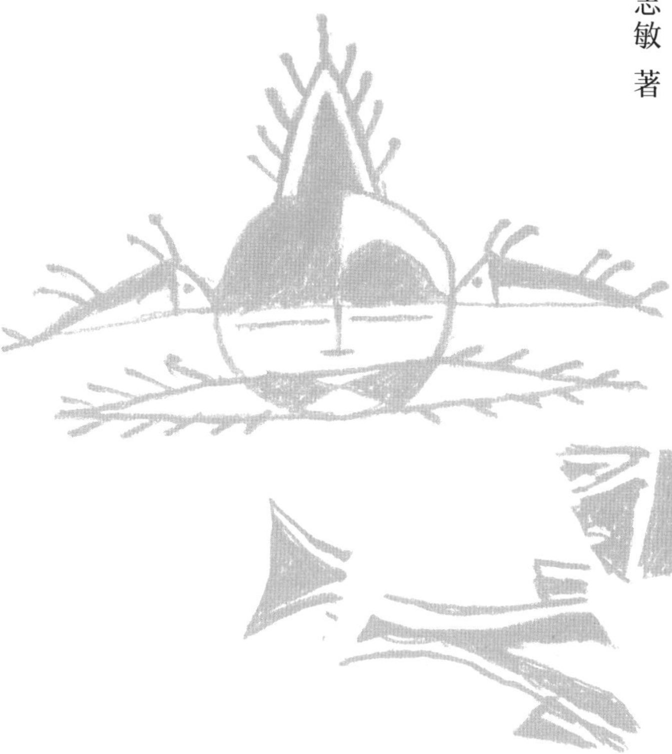

中和出版
OPEN PAGE

出版緣起

我們推出的這套「大家歷史小叢書」，由著名學者或專家撰寫，內容既精專、又通俗易懂，其中不少名家名作堪稱經典。

本叢書所選編的書目中既有斷代史，又有歷代典型人物、文化成就、重要事件，也包括與歷史有關的理論、民俗等話題。希望透過主幹與枝葉，共同呈現一個較為豐富的中國歷史面目，以饗讀者。因部分著作成書較早，作者行文用語具時代特徵，我們尊重及保持其原有風貌，不做現代漢語的規範化統一。

中和編輯部

目錄

導言

父親安志敏先生於二〇〇五年去世，之後，他的一些論著還在陸續發表或再版。例如《中國近代考古學的一百年》《從東中國海看日本的吉野ケ里遺址》發表於二〇〇六年；《中國早期的黃金研究》和譯作《考古學導論》於二〇〇八年問世；二〇一五年再版裴文中先生的《舊石器時代之藝術》中，有父親撰寫的《裴文中教授和中國史前考古學》；二〇一六年出版梁柏有編著的《我的父親考古學家梁思永——思文永在》中，有父親撰寫的《梁思永先生和中國現代考古學》。在父親去世十餘年後，他的《仰韶文化》又要再版……

這讓我們想起了臧克家的詩句：「有的人活着，他已經死了，有的人死了，他還活着。」父親一生勤奮，著述頗豐，正像他學生所說的那樣，父親是考古學界的常青樹，無論是在他生前還是死後。父親的學術生命之火，依然引領我們前行，這讓我們倍感欣慰。

仰韶文化是距今約七千至五千年中國新石器時代的一種彩陶文化。一九二一年由中國地質調查所劉長山首次在河南省三門峽市澠池縣仰韶村發現，故稱之為仰韶文化。它是中國發現最早、最重要也是最著名的一種新石器時代文化。它揭開了中國新石器考古事業第一頁，書寫了中國田野考古史新篇章，具有里程碑意義。

一九二一年，瑞典學者安特生發掘了澠池縣仰韶文化遺址，發現大量的彩陶，當時考古工作在中國開展得很少，沒有其他遺址或器物可以參考。他認為這些彩陶不可能是中國本土的，提出中國彩陶西來說，當時這一學說被西方廣泛認同。後來又在黃河中上游調查發現了若干類似的文化遺址。一九二六年起，中國學者李濟、梁思永、尹達等先後發掘了山西夏縣西陰村、萬泉（今萬榮）荊村、河南安陽後岡、濬縣大賚店等遺址。一九三一年，梁思永在後岡第一次發現了商代文化、龍山文化、仰韶文化上下依次堆積的「三疊層」，從而明確了仰韶文化的相對年代，有力地駁斥了仰韶文化西來說。

新中國成立後，一九五一年，中國科學院考古研究所對該遺址進行了小規模發掘，發現這裡有四層文化層相疊壓，自下而上是仰韶文化中期、仰韶文化晚期、龍山文化早期、龍山文化中期。一九五一年六月，還在北京大學讀研究生的父親跟隨夏鼐來到豫西，對仰韶村遺址進行了第二次發掘，初步認定這裡是一種仰韶和龍山的混合文化。一九五三年十一月，父親率領中國科學院考古研究所河南考古隊再次來到豫西進行考古調查。一九五五年，在三門峽發掘了廟底溝遺址，共開方二百八十個，發掘面積達四千四百八十平方米。這次發掘確立了廟底溝二期文化，揭示了中原地區仰韶文化和龍山文化之間的發展、繼承關係。

一九五四年至一九五七年，中國科學院考古研究所對陝西西安半坡這一重要的仰韶文化遺址進行發掘，揭露遺址面積達一萬平方米，獲得了大量珍貴的科學資料。共發現房屋遺跡四十五座、圈欄二處、窖穴二百多處、陶窯六座、各類墓葬二百五十座以及生產工具和生活用具約一萬件。

一九六一年三月，國務院將仰韶文化遺址定為全國重點文物保護單位。二十世紀八十年代和二十世紀九十年代，多個仰韶文化遺址被發掘。自一九二一年澠池縣仰韶村遺址發現後，到二〇〇〇年為止，全國有統計的仰韶文化遺址共五千二百一十三處。仰韶文化主要分佈在黃河中下游一帶，以河南西部、山西西南的狹長地帶為中心，東至河北中部，南達漢水中、上游，西及甘肅洮河流域，北抵內蒙古河套地區。

通過對仰韶文化遺址的發掘，以及對陝縣廟底溝與三里橋遺址、洛陽王灣遺址和孟津妯娌遺址等的發掘，結合陝西半坡遺址等大面積發掘，考古工作者進一步明確了仰韶文化時期的基本面貌。仰韶文化的人們過着定居生活，擁有一定規模和佈局的村落；原始農業為主要經濟形式，同時兼營畜牧、漁獵和採集，主要的生產工具是磨製石器，生活用具主要是陶器，反映人們意識形態的埋葬制度已經初步形成。

廟底溝遺址的發現，解決了仰韶文化和龍山文化的分期，更重要的是解決了仰韶文化和龍山文化之間的關係。從而證明，中華民族的祖先從遠古時代起經過仰韶文化、龍山文化直至商周，在黃河流域不斷地發展並創造了高度的文明，為研究中國古代文化的發展提供了重要的實物例證。

父親一九六四年初次發表的《仰韶文化》，是一本面向大眾的通俗讀物。書中以通俗的語言介紹了甚麼叫「仰韶文化」以及仰韶文化的村落和建築、生產活動、手工業的發展、文化藝術和墓葬習俗。父親寫這本書是基於二十世紀六十年代以前的考古學資料，但現在看來仍不失為一本嚴謹、詳細、全面介紹仰韶文化的讀物。

一般能把通俗讀物寫好的都是大家。父親能把這本通俗讀物寫好是與他的學術經歷和研究深度分不開的。一九四八年，父親畢業於中國大學史學系。他還在大學學習期間，就開始撰寫論文。一九四五年，父親在《天津國民日報》的《史地》副刊上發表論文《爵形原始及其演變》。從此一發而不可收，到二〇〇五年他離世之前，共發表專著十餘種，論文近四百篇。許多論著被譯成英、日、俄、德等多種文字。晚年還用日文發表文章，為宣傳中國的古代文化、加強中外學術交流做出了貢獻。父親的論文目錄，只有一九六六年至一九七一年和一九七七年是空白，其他則年年不缺，皆有創獲。父親主持和參加發掘過數十處遺址和墓地，主編和參與編輯過多部著名發掘報告，為新中國考古學特別是史前考古學的發展貢獻了自己全部的才智。

在新石器時代考古的研究方面，父親着力最多，取得的成就也最大。自從仰韶文化和龍山文化發現以來，這兩種文化之間的關係，就成為中國考古學界最為關心的問題之一。截至二十世紀四十年代的主流看法是，仰韶文化自西而東，龍山文化自東而西的東西二元說。但是，兩者的關係究竟如何？儘管尹達早在抗戰前夕就懷疑安特生在仰韶村的發掘包含着不同時期的堆積，但一直到二十世紀五十年代初夏鼐率隊再次赴仰韶村發掘時，還曾提出所謂「仰韶和龍山的混合文化」的看法。這個問題的最後解決，是通過父親主持的廟底溝遺址的發掘完成的。

父親在廟底溝等遺址發掘時發現，仰韶和龍山文化不僅有層次上的區別，在文化內容上也互不相同，並不見所謂「混合」的痕跡。廟底溝遺址發現的晚於仰韶文化的遺存，在面貌上既不同於仰韶文化，也與所謂「河南龍山文化」不同，而介乎兩者之間。由此父親提出「廟底溝第二期文化」的概念，認為它屬於龍山文化早期的遺存，「具有由仰韶到龍山的過渡性質，最起碼説明了豫、晉、陝一帶的龍山文化是由仰韶文化中發展來的，對中國古代文明發展的連續性上提供了有力的線索」。

這是中國史前考古學研究的重大突破。它對於釐清仰韶文化的概念和內涵，全面審視仰韶文化與龍山文化的關係，進而認識中國古代文明的起源具有重大的學術意義。

仰韶文化和龍山文化是中國最早發現的兩個史前文化。與討論二者關係密不可分的，是二者各自的分期和分區研究。父親根據新的考古材料，最先明確提出兩種文化的分期和分區研究。考古學界所熟知的仰韶文化半坡類型、廟底溝類型的概念和「典型龍山文化」「河南龍山文化」「陝西龍山文化」的概念，都是由他率先提出的。他在二十世紀五十年代後期的一系列論文中，不僅對這些不同地區的龍山文化給予不同的命名，而且分析其異同，辨析其源流，將龍山文化的研究逐步引向深入。

經過類型學的比較分析，他明確指出，河南、陝西和山西的龍山文化，是繼承了仰韶文化而繼續發展的，至於「山東等地區的龍山文化則可能另有來源」，但又特別提出「至於最近所發現的許多缺乏黑陶或具有彩陶的遺存可能是它的前身」，這也就是認為山東龍山文化另有來源，以新沂花廳村、滕州崗上村和寧陽堡頭等為代表的遺存（即後來為大家所熟知的大汶口文化），當可能是它的前身。

自二十世紀三十年代以來，長江下游地區的史前文化就是被納入龍山文化的範圍之內加以考察的。梁思永曾經把龍山文化劃分為山東沿海、豫北和杭州灣三個地區。隨着田野資料的積累，父親又把這三個地區擴大為沿海地區、中原地區和江浙地區，同時根據文化特徵的分析，對各區內部進行了劃分。比如中原區就被細分為豫東、豫北、豫西和陝西地區。

長江下游雖然暫時仍被列入龍山文化，但通過分析，父親認為可能存在兩類性質不同的遺存，可能代表不同的時代。但無論如何，它們都可能是一種「地方性的文化」，既不是仰韶文化，也不是龍山文化。後者雖可能受龍山文化影響，但並不屬於龍山文化，而可能是由前者發展出來的。父親敏銳地覺察出長江下游地區史前文化的特殊性和土著性。

同理，通過對文化因素的分析，父親又指出黃河上游地區的齊家文化，「雖然近於陝西龍山文化，但也具有它自己的特點」，儘管他覺得這種區別的性質（究竟是文化之間的區別還是文化內部的區別）還有待於研究。實際上，儘管當時因為發現上的局限性，還不可能對各地史前文化的脈絡做出更明確的分析，但是父親通過類型學的考察，已經充分認識到各地史前文化的複雜性和多元性。這一點從他對仰韶文化、龍山文化特別是甘青地區遠古文化的分析上，已經充分表現出來。

因為安陽後岡三疊層的發現，一般認為商文化是在龍山文化的基礎上發展起來的，但是兩者之間畢竟還有不少差別。父親不僅詳細指出兩者的異同，更明確指出「殷代文化與山東、河南龍山文化之間，未必有直接承襲之關係」。

二十世紀五十年代中期在鄭州發現「洛達廟層」以後，父親率先指出以「洛達廟層」為代表的、廣泛分佈在豫中、豫西一帶的疊壓在二里崗下層之下的這種文化遺存，介乎龍山文化和二里崗商文化之間，雖把它列入「商代早期文化」中，但又明確認為尋找傳說中的「夏」文化，這種遺存「便是今後值得注意的一個對象」。所謂以「洛達廟層」為代表的文化，就是後來學術界熟知的二里頭文化。在同一篇文章中，他還明確指出，西周文化很可能是繼承陝西龍山文化而發展的，因此他說「大體上可以這樣假設：古代史上的夏、商、周的產生與發展都與龍山文化有着不可分割的聯繫」。這些說法，多數為學術界所接受。

無論就田野工作的數量和發掘面積而言，二十世紀五六十年代的主要考古工作都可以說集中在黃河流域，這些工作逐漸在考古學上建立起仰韶—龍山—商文化的連續發展脈絡。二十世紀七十年代後期裴李崗文化的發現，為仰韶文化找到了源頭，無形中更強化了中原地區古代文化的土著性和連續發展性。因此，父親成為「黃河流域是中國文明發祥地」

學說的主要建構者和堅定支持者。

如上所述，他雖然承認周圍地區古代文化淵源有自，即不少地區有所謂「地方性文化」的存在，但直到晚年，他仍然堅持自己的看法。二十世紀五十年代，他說：「黃河流域是中國文明的發祥地，我們的祖先在這塊肥沃黃土原上創造了光輝燦爛的文化，這裡不僅是從舊石器時代以迄於新石器時代人類的活動中心，甚至如傳說中的『夏代』，奴隸社會以及封建社會的統治王朝，也是在石器時代的基礎上發展起來的。這種連續不斷的發展與悠久的歷史傳統，是值得我們引以為驕傲的。」在總結新中國前三十年新石器考古成就的論文裡，父親又說，「總之，把黃河流域作為中國古代文化的中心，並不排斥其他地區也有古老的遺存和悠久的文化傳統，以及它們在中華民族共同體形成過程中的積極貢獻，不過由於黃河流域先進文化的影響和推動，在其整個發展過程中，始終是以中原為核心，特別是進入階級國家以後，則表現得更加突出。」一九九六年，在為聯合國教科文組織撰寫的《中國後期新石器文化》一文中，他這樣說：「黃河流域是世界古代文明中心之一，特別是以中游為代表的中原地區在中國古代史上具有尤為重要的地位。新石器時代的農耕經濟在這裡經過長期的繁榮和發展，在仰韶文化的基礎上成長起來的龍山文化，又進一步奠定了商、周國家出現的基礎。至少這一系列繼承發展，脈絡清楚，同時也不斷同周圍地區進行文化交流和影響，在文明的形成過程中，當然也吸收了中原地區以外的許多文化因素。從而黃河流域是中國文明的起源中心，已成為無可懷疑的歷史事實。」「以黃河流域為中心的古代文化，始終對周圍地區起着推動和影響的作用，特別是進入階級國家以後，這種核心作用就變得更加突出，為中國的統一做出了重要的貢獻。」

如果說直到二十世紀八十年代初期父親強調黃河流域特別是中原地區的核心作用，還主要是基於該地區考古工作多、文化脈絡相對清楚、文化的連續性比較顯著的話，那麼二十世紀八十年代中期以後他仍然堅持自己的說法，就跟當時出現的「滿天星斗」等中國文明起源多元論的某些矯枉過正有很大關係。在這一點上，父親從不諱言他是一個「保守」的考古學家。在「文明」的定性上，他信奉有關經典作家的定義，認為「文明」與「文化」不同。「文明」標誌着國家的出現，因此他認為二里頭文化顯然不同於還處在氏族公社的龍山文化，它有巍峨的宮殿建築，精美的青銅器和玉器，以及陶器、鑄銅作坊的存在，甚至還有了文字，表明這個時期國家已經出現了。但他又指出：「還沒有確鑿的證據可以把上述的遺存同傳說中的夏代或者夏文化連接起來，因而夏文化的探索還是個尚未解決的問題。」反對在二里頭文化和夏文化之間或龍山晚期文化之間畫等號，表現了一個嚴謹的考古學家一以貫之的學風。這些看法，不僅廣泛流行於國際學術界，也是二十世紀八十年代中期以前中國學術界的主流看法，影響深遠。

二〇一一年十一月，在澠池縣召開了「紀念仰韶文化發現九十週年國際學術討論會」，會上充分討論了仰韶文化的學術影響，並比較一致地認為一九二一年仰韶文化的發現，標誌着中國考古學的誕生。

同年，仰韶村中建成的「仰韶文化博物館」向公眾開放，博物館廣場上豎立着對仰韶文化做出貢獻的四位科學家的銅像，他們是安特生、袁復禮、夏鼐、安志敏。村莊中大面積種植着白菊花和薰衣草，清風徐來，花草搖曳，似乎在向人們訴說着七千年的古老故事。

在《仰韶文化》再版之際，回顧仰韶文化發現發掘的歷史以及父親對仰韶文化的深入研究和學術觀點，有助於年輕學者和普通讀者對這段考古學歷史的了解，從而更進一步地認識仰韶文化。

安家瑤　安家瑗

一、甚麼叫「仰韶文化」？

黃河流域，是我國古代文明的搖籃。早在遠古時代，黃河兩岸一望無垠的黃土平原和高原上，就有人類居住。到了距今七八千年前的新石器時代①，原始的農業開始出現。這以後，人們就能夠用自己生產的糧食來滿足基本的生活需要。生活來源有了更多的保證，於是便逐漸定居下來。許多原始公社的氏族村落星羅棋佈地分佈在河流沿岸高亢而平坦的地方，因為這裡土地肥沃，又靠近河水，十分有利於農業和畜牧業。我們的祖先就在這塊遼闊而肥沃的土地上，以自己辛勤的勞動創造着歷史和文化。所以，這塊土地上就留下了豐富的遺跡和遺物②。

一九二一年，考古工作者在今河南澠池仰韶村，發現了一處新石器時代晚期的村落遺址。在這處遺址裡，有許多石器、骨器和陶器。製陶業是當時一個很重要的手工業部門，生產的陶器多數是粗陶，但是其中有一種彩陶，表裡都磨得很光滑，表面還描繪着彩畫，十分精美。後來，考古學家在黃河流域的其他地方又陸續發現了同樣性質的村落遺址一千餘處，其中經過重點發掘的有：陝西西安半坡，寶雞北首嶺，彬縣下孟村，華陰橫陣村，華縣泉護村、元君廟，河南三門峽廟底溝、三里橋，洛陽王灣，鄭州後莊王和林山砦等處。根據考古學上的慣例，以最先發現的仰韶村來命名同一系統的文化，於是，這許多性質相同的遺址，就被稱作「仰韶文化」。

仰韶文化的分佈，大體以黃河中下游的河南、山西和陝西為中心，西端直到甘肅境內的渭河上游，有少數遺址還到達洮河流域。河南以東，雖發現過一些彩陶，但還沒有找到明確的仰韶文化遺存。南端沿漢水進入湖北，北端到達河北中部，陝北、晉北和內蒙古自治區南部也有不少仰韶文化遺址。

注釋：

① 考古學上，根據人類使用工具質料的不同，分成石器時代、青銅器時代和鐵器時代。石器時代是人類歷史上的初期階段，統屬於原始社會。它又可以分為舊石器時代、中石器時代和新石器時代三個時期。新石器時代開始於八九千年以前，是原始氏族公社的繁榮時期。

② 考古學上，把古代遺留下來的村落、房屋、作坊和墓葬等稱為遺跡；把古代遺留下來的生產工具、生活用具、武器和裝飾品等稱為遺物。

二、村落和建築

仰韶文化的氏族村落，都分佈在河流兩岸的黃土台地①上，這主要是為了避免洪水的侵襲。河流轉彎或兩河交匯的地方，更是當時人們所喜歡居住的地點。人們為甚麼要選擇這些地點建立村落呢？道理很簡單，首先，因為人類的日常生活離不開水，而當時還不會鑿井，考慮汲水的方便，就必須靠近水源居住。其次，這裡又是適於農業、畜牧、狩獵和捕魚等生產活動的好地方。這也是人們樂意居住的重要原因之一。此外，近河地帶交通也比較方便，便利人們相互之間的交往。仰韶文化村落的所在地，也常常是後來人們喜歡居住的地方。

這些氏族村落的分佈，一般比較密集，村落之間的距離也不太遠，有的隔河相對。考古學家們在三門峽水庫地區內曾發現了六十九處仰韶文化村落遺址，遠比其他時期的遺址要多得多。其他地區，也常常發現這種情況。這又是甚麼原因呢？原來當時的農業生產還很原始，採用「刀耕火種」②的耕作方法，而且又不懂得向地裡施肥，這樣經過一段時期以後，土地就不如以前那麼肥沃，人們只好遷移到別的地方去開闢新的耕地，建立新的村落。甚至過了若干年以後又遷回舊地。這樣沿着河流往來遷移的結果，在不同的地方就出現了許多居住點。由此可知，這許多密集的村落遺址，並不是同時建立起來的。到了後來，農業生產的水平提高了，人們能夠在同一個地點居住較長的時期，遷移也就不再像過去那樣頻繁，因而，村落的數目也就顯著地減少了。此外，由於人們學會了鑿井，居住條件不再受水源的限制，村落也就不再像過去那樣密集在河流的沿岸了。

村落的面積大小不等，一般從幾萬到十幾萬平方米，最大的有九十多萬平方米。這些村落往往有一定的佈局，比如西安的半坡就分居住區、公共墓地和窯場三部分，總面積約五萬平方米。

居住區大體呈一個不規則的圓形，在這裡已經發現了四五十座房屋遺址，密密地排列着，佈局很有條理。這是氏族成員的住宅。在大約中心的地方有一座方形的大房子，可能是氏族舉行會議或從事其他活動的公共活動場所。

根據已經發現的房屋遺跡和柱洞的位置，可以推測這些房子是採用比較進步的木架結構修築的。當時黃河流域的木材資源相當豐富，加工也比較容易。這是當時盛行木架結構房屋的主要原因。房子的面積大小不等。

從房屋的形制上看，有兩類建築方法：一類是半地穴式的，分圓形和方形兩種。圓形房屋是從地面向下挖一個土坑，再搭架蓋成的。它的式樣和地面的圓形房屋相似。方形房屋也是先從地面向下挖一個深約一米的方形或長方形的豎穴，在南邊的正中開一條階梯式或斜坡式的狹長門道，以便出入。屋內中央樹立兩根或四根木柱，支撐屋頂，木柱的下端都埋入地下，有的還在柱子下面墊上一大塊石頭，以防柱子下沉。這是我們所知道的最早的柱礎。豎穴的周圍也豎立了成排的木柱，用以支撐屋頂並構成牆壁的骨架。屋頂大體作四角尖錐狀。

另外一類為地面建築，有方形和圓形兩種。方形的結構與前一類相似，只是處於地面，沒有狹長的門道而已。圓形的以西安半坡所發現的最為完整，房屋的中央部分有四個或六個對稱的柱洞，排成長方形，說明木柱所支撐的屋頂可能是兩面坡的「人」字頂。房屋周圍有一圈柱

根據遺跡復原的方形房屋

洞，我們可以據此推斷牆壁是圓形的，門也向南開，門裡兩側還各有一道隔牆。

屋頂和牆壁上都塗着一層草泥土（草拌泥）。屋內的地基壓得比較縝密，有的還在黃土裡摻入紅燒土末，或在表面塗一層石灰質，這顯然是為了隔潮。房子中央或迎門的地方，有一個灶坑，用以炊煮食物，保存火種。

房子附近，還有許多圓形的窖穴，一般都是口小底大。這是人們用來貯藏糧食或其他什物的地方。

在房屋和窖穴的廢墟上，還發現了一些生活用具和生產工具，為復原當時的文化面貌和生活情況提供了豐富的資料。

居住區周圍環繞着一條深、寬各五六米的壕溝，可能是人工挖成的一種用來防禦野獸襲擊的防禦性設施。溝北面是氏族公共墓地，共

根據遺跡復原的圓形房屋

發現成人墓葬一百多座，墓坑排列得很整齊，而且有固定的葬法。溝東面是燒製陶器的公共窯場。窯場裡有聚集在一起的六座窯址，它們可能是供氏族成員共同使用的。

上述發現，為我們描繪出這樣一幅圖畫：氏族成員們居住在一起，共同勞動，共同消費，過着平等互助的生活。

注釋：

① 指河流沿岸高亢而平坦的地方。

② 農業季節到來的時候，人們首先把地裡的樹木荊棘砍掉，開闢出土地。草木曬乾以後點火燒掉，然後再挖土播種。這種原始的耕作方法通常就叫作「刀耕火種」。

三、生產活動

前面我們曾經說過，新石器時代開始出現了農業。不過耕作技術還很原始。仰韶文化的人們就是採用「刀耕火種」的原始耕作方法從事生產的。農業生產主要由婦女擔任。她們領導着氏族全體成員，共同勞動。他們把種子撒在土裡以後，就不再進行田間管理，任憑禾苗自生自長，因此，田間雜草叢生，有的甚至比禾苗長得還茂盛。這樣一來，禾苗的生長自然受到影響，所以產量很低。儘管這樣，農業生產還是具有決定意義，它為人們提供了滿足基本生活需要的糧食。

這時，人們生產的主要食糧是粟，因為它具有耐旱早熟的特點，非常適於生長在比較乾燥的黃土地帶。西安半坡、寶雞北首嶺和華縣泉護村等遺址內都發現過粟殼。粟是我們祖先從野生植物裡最早培植出來的一種農作物，幾千年來一直是華北人民的主要食糧之一。

勞動工具比較簡單，開地使用磨光的石斧，鬆土整地使用石鏟和木鋤，點種主要使用尖木棒，收割多使用帶刃的石片或陶片。石片或陶片的兩端各有一個缺口，可以繫上繩子，套在手上使用；有的還是磨得很精緻的長方形單孔石刀，也同樣可以繫繩。

在西安半坡還發現了盛着白菜籽和芥菜籽的陶罐，說明這時人們已經能夠栽培蔬菜了。這是我國最早的園藝，對後來的影響也是很大的。

家畜飼養業也已開始出現，不過飼養的家畜種類不多，一般只有狗、豬兩種。狗可以幫助狩獵，也可以供人們食用；豬是當時肉食的主要來源之一。在村落遺址裡常常發現豬的骨骼，但是看來絕大部分都是小豬。這可能是由於飼料缺乏，無力飼養，或者因為人們的生活資料不夠，只好殺掉小豬充飢。

漁獵活動主要是由男子負擔的一種輔助性生產。前面説過，仰韶文化的人們都是在靠近河流的地方居住，所以捕魚是很方便的。捕魚的方法多種多樣，有的用網捕；有的用骨頭製成單排或雙排倒刺的魚叉，把叉頭縛在木棒上，刺殺較大的魚；也有用骨製魚鈎來釣魚的。在西安半坡就曾經發現帶着倒刺的骨製魚鈎，和現在使用的鋼魚鈎形狀很相似。

河谷中的沼澤地區和黃土高原上的森林地帶，是狩獵的良好場所。狩獵的主要工具是弓箭。箭頭用骨料或石頭製成，十分鋭利，可以射擊跑得較快的動物。此外，還有使用陷阱、火焚等方法的。從發現的骨骼上可以看出，獵取的對象有鹿、獐①、狸、羚羊、兔、竹鼠②、雕③和野雞等走獸飛禽。

採集活動由婦女和兒童擔任。螺、蚌一類介殼生物和松子、榛子、栗子等植物種子以及植物的根塊、菌類等，都是他們採集的對象。這些採集品是當時人們經常性的補充食物。採集活動雖不及農業生產重要，在當時也是不可缺少的一種輔助性生產。

由於多方面的生產活動，人們的物質生活比以前有了很大的改善，但是生活條件依然很艱苦。根據墓葬中死者的骨骼來判斷，大多數人在三四十歲左右便結束了生命，而兒童夭折的比例更高。這些事實告訴我們，在遠古的原始公社時期，我們的祖先生活還是非常貧困的。

注釋：

①獐，獸名，形狀很像鹿，但比鹿要小一些，毛黃黑色，頭上沒有角。

②竹鼠，形如小狗，吃竹根。

③雕，兇猛的鳥類動物，棲於深山，捕食野兔、小羊等。

四、手工業的發展

由於農業和其他生產活動的需要，原始手工業也得到相應的發展。仰韶文化的原始手工業包括製石、製陶、製骨、紡織和編織等項目。它們同當時的生產活動和日常生活息息相關。

我們知道，石器是仰韶文化主要的生產工具。石器的製作方法有兩種：一是打製，一是磨製。

打製就是用一塊石頭來敲砸另一塊石頭，利用被敲破的那塊石頭的鋒刃作為工具使用。打製石器製作起來比較方便，因此它所佔的比例也

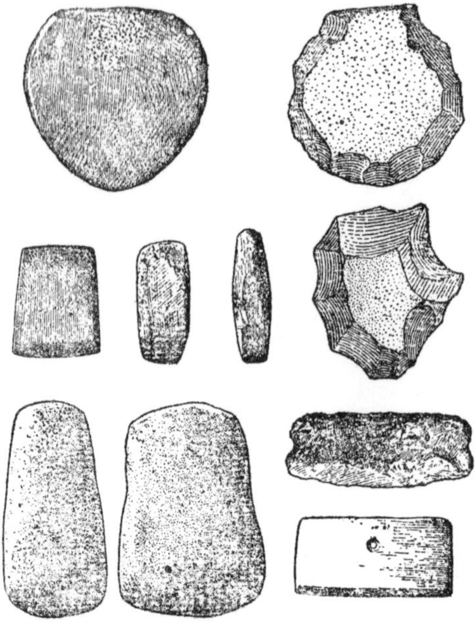

石製的生產工具

較多，到了晚期才慢慢地減少下來。打製石器器形的種類不多，一般有盤狀器、敲砸器、刮削器、石刀、網墜等數種。盤狀器和敲砸器是敲砸什物的工具，刮削器是切割肉類和刮製皮革的工具，兩側帶缺口的石刀是收割用的農具，網墜是墜漁網用的。

磨製方法是新石器時代普遍運用的一種石器製作方法，這時人們也廣泛使用這種方法來製作石器。磨製石器的製作過程是首先把石料製成粗坯，然後放在礪石上蘸水加砂研磨，器身和鋒刃的表面經過研磨之後，就變得異常平整光滑。磨製石器的製作方法雖然比打製石器要複雜得多，但是它比打製石器更便於使用，所以它的流行就愈來愈廣泛，到了晚期打製石器就逐漸被磨製石器所代替。由於磨製石器的盛行，鑽孔技術也更加普遍了。石器經過鑽孔，裝上木柄，使用起來就更加方便。

磨製石器的種類比較複雜，大抵根據用途的不同而出現了不同的器形。如斧、錛、鑿等是砍伐樹木、建造房屋和加工木器的工具。後來用金屬製成的斧、錛等工具也還是承襲了這些形制。鏟、刀是農業上使用的主要生產工具，石鏟的形狀呈心形或舌形。石刀多為長方形，刀身還鑽有一個繫繩索的小孔。現在華北一帶農村使用的鐵爪鐮，還大體保持着這樣的形制。狩獵用的箭頭以及作為裝飾品的墜、環等，也是磨製而成的。此外，屬於磨製的石器還有磨盤、臼杵等加工工具。

陶器的出現，是新石器時代的主要特徵之一。它不僅豐富了人們日常生活所需的用具，也加強了定居生活的穩固性。仰韶文化的製陶技術已經達到相當高的水平，為我國製陶工藝的發展奠定了良好的基礎。

在仰韶文化村落遺址裡，曾發現過一些窯址，像西安半坡密集在一處的有六座陶窯。這些陶窯一般都是在黃土中挖成一定的形狀，用草拌泥築成窯形。形制有兩種：一種是橫膛窯，前面有較長的筒形火膛，

各式各樣的陶製生活用具

後面是直徑一米左右的窯室。窯壁的頂部已經殘缺，看樣子不像是密封的。另一種是豎膛窯，在黃土中挖成豎形的火膛，有幾股火道通入窯室，窯室的底部還沒有窯箅，窯壁殘缺，窯頂的情況也不很清楚。

燒製陶器的過程大體是這樣：先把製好的陶坯放入窯室，然後在火膛裡燃起火來，火焰通過火道進入窯室，經過一段時間以後，陶坯就被燒製成陶器。在燒製過程中，火候最高時可達一千度左右，因而燒出的陶器堅硬美觀。由於陶窯不曾密封，陶坯中的氧化鐵得以充分氧化，結果燒出的陶器絕大部分呈紅色或紅褐色。此外，也有少量的陶器燒製成灰色和黑色，這可能是由於燒法不同所致。上述情況可以說明，當時的人們已經掌握了燒窯的基本原理，陶窯的結構和控制火候等技術都達到了一定的水平。

製作陶器是一種專門技術，可能是由有製陶經驗的婦女擔任的。她們選用細膩的黏土作為原料，並根據器物的用途對原料進行適當加工。如燒製耐火的炊煮陶器就在原料裡摻入適量的砂子。陶坯的製作方法大約是這樣：先用水把陶土調好，搓成泥條，然後再用泥條回旋盤成陶坯的雛形，或者用泥圈疊築成一定形狀的粗坯，最後用手蘸水把裡外抹平，口部用轉動較慢的陶輪修整一下，陶坯就製成了。一般的大型陶坯都採用這種製法。比較小型的器物，多用捏塑的辦法製成陶坯。

陶坯的表面有兩種處理辦法：一種是磨光，當陶坯半乾以後，用光滑的石子壓磨陶坯的表面，使它縝密平整，再經燒製，就顯得光澤潤滑，更加美觀。這種壓磨方法，使用得非常普遍。有的在壓磨之後，還用赭石（紅色）、氧化錳（黑色）和石灰質（白色）等礦物作為顏料，畫上單色的幾何紋圖案或動物圖畫（也有少數採用兩種以上的顏色）。有時在繪彩以前，還加塗一層白色或深紅色的襯底，使整個畫面更加鮮

絢爛多彩的彩陶

艷。這些繪彩的陶坯，經過高溫燒製以後，就成為光彩耀目而不再脱彩的彩陶了。彩陶不僅可以使用，而且是一種優美的工藝美術品。另一種處理方法是在陶坯未乾的時候，壓印繩紋或條紋。使用這種方法可以加固陶壁，同時這些紋飾又增加了陶器的美觀。

為了適應人們日常生活各方面的需要，陶器也製成多種樣式。像炊具有灶、鼎、釜、甑、罐等。陶灶還可以隨意搬動，使炊事更加方便。飲食用具有碗、杯、盤、盆、鉢等。貯藏食物或盛水的有大型的罐、甕。汲水和運水的用具有小口尖底瓶和小口長頸大腹瓶。尖底瓶可以較快地沉入水中，汲水比較方便，直到漢代，汲水罐還基本上保持着類似的形制。

根據以上的不同用途，可以看出陶器的出現在人類的日常生活中具有相當重要的意義。

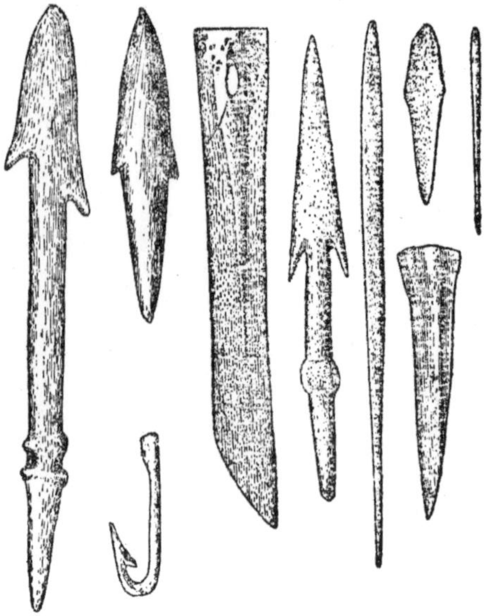

骨製的生產工具和生活用具

在生產工具和生活用具中，也有不少是用獸骨、鹿角和河產的蚌殼製成的，其中尤以獸骨為最多。像骨製的箭頭、魚鏢和魚鉤，為漁獵活動中不可缺少的工具。骨製的鑿、錐、針等，可用來穿刺皮革，縫製衣服。還有許多束髮用的磨製精緻的骨簪。蚌殼製成的用具只有簪、墜和指環等少數幾種裝飾品，到了仰韶文化晚期才開始出現穿孔的蚌殼刀。

仰韶文化已經有了比較進步的紡織手工業。紡織的原料主要是野麻纖維。人們把野麻纖維剝取下來以後用石製或陶製的紡輪捻成細線，然後用原始的織布機織成麻布。據陶器上所印的麻布痕跡看來，每平方厘米內有經緯線各十根，和現在的粗麻布相近。有了麻布，人們就能夠縫製比較像樣的衣服了。

在當時，編製工藝也是相當流行的。但是由於編製的東西很少保存下來，我們也就難以了解當時編製工藝方面所取得的成就了。不過從若干陶器底部印着的精緻席紋看來，當時編製工藝應是相當發達的。

五、文化藝術

隨着物質生活的改善，仰韶文化人們的文化藝術活動也是豐富多彩的。當時人們主要的文化藝術活動有繪畫、雕塑、刻畫符號、裝飾等幾項。其中最富有代表性的是畫在彩陶上的各種紋飾。這些優美的紋飾具有獨特的風格，它們是我們祖先的智慧和藝術才能的結晶，在我國古代藝術史上佔有着光輝燦爛的一頁。

彩陶的紋飾，主要分為幾何線條和寫生圖畫兩類。幾何線條大抵有渦紋、三角渦紋、三角紋、條紋和圓點紋等幾種。這些幾何條紋組成各式各樣的圖案。圖案一般都比較規整，有時相同的單元構成一組，有時不同的單元交互使用，也有的組成連續不斷的帶狀紋，變化繁複。這些紋飾都富有圖案裝飾的意味。

寫生的紋飾，數量不多，但也都栩栩如生，具有相當的藝術成就，使人看了讚歎不止。這些紋飾中，有奔馳的野鹿，有鵠立①、飛翔的野鳥，有嘴中銜魚的水鳥，有張口露齒的大魚，有匍匐、跳躍的青蛙，都是那麼生動逼真。人們只有在長期的漁獵活動中，細緻地觀察了各種動物的姿態，才能創造出如此生動真實的寫生作品。

此外，還有一些富於想像的作品，如西安半坡發現的人頭像，頭部滾圓，戴着尖頂形的飾物，眉毛粗濃，雙眼眯成一線，鼻子是三角形的，還有一張呈對頂三角形的大嘴，耳部附近各有一條小魚，也別有風趣。又如人頭魚身的動物形象，尖頭圓臉，瞪着一雙大圓眼，張着大

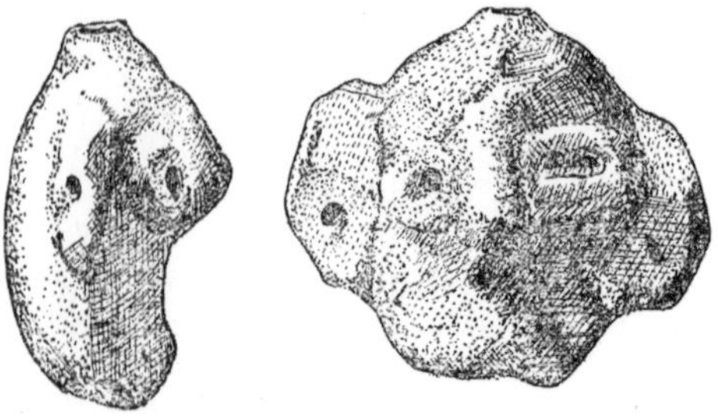

陶塑人頭

口，一雙長得有點像魚鰭②的手向外伸出，魚身彎曲而長，表現了人們豐富的想像力。

雕塑作品都是附着在陶器上的。如有的在陶罐外壁上塑幾條壁虎，乍看起來像真的一樣。有的把器蓋塑成貓頭鷹的頭形，雙眼滾圓，嘴巴很尖，生動地刻畫了貓頭鷹的面形。有的把陶器的蓋鈕塑成簡單的獸形。還有一件陶塑的人頭玩具，方臉大耳，隆鼻凸目，顯得那麼質樸可愛。

各種陶器的造型也富於變化，不僅

實用，也可供欣賞。

在一些陶盆的口沿上，還曾發現了刻畫的符號。這些符號有豎、橫、斜、叉等幾種，組成二十多種形狀。這些符號的意義目前還不清楚。

在仰韶文化的遺址裡，還發現了很多裝飾品，如束髮用的骨簪，綠松石和碧玉製成的耳墜，作為頸飾的穿孔蚌殼、獸牙、成串的骨珠，套在手指上的蚌殼製成的指環，佩帶在腰間的陶環和石環，等等。男子和婦女使用的裝飾品種類不盡相同，數量上似乎也是婦女的更多一些。

注釋：

① 形容野鳥站立的姿勢如鵠那樣，伸着脖子，提起腳跟，眼睛望着別處。

② 鰭，魚類的運動器官。

六、墓葬習俗

仰韶文化的每處村落遺址附近，都有大面積的氏族公共墓地。現在已經發現的墓葬有七百多座。墓葬一般都集中在一起，排列得比較整齊，不僅人頭的方向一致，甚至有些墓坑幾乎處於同一條直線上，各墓之間的距離也大體相等。這些特點，反映了當時傳統的習慣和制度。每個人活着的時候是氏族的成員，死後也要葬埋在一起，因為他們幻想在另一個世界裡還要和生前一樣地過氏族的生活。

墓葬分單人葬和合葬兩種，而以單人葬為最多。合葬墓又有各種不同形式，人數多少也不等，有的兩個男子合葬在一起，有的四個女子合葬在一起，有的是母子合葬，有的是多人合葬。值得注意的是，到目前為止，還沒有發現一對成年男女合葬或父子合葬的情況。這就說明仰韶文化的人們遵循着母系氏族的外婚制①，男子結婚後到女方的氏族裡去生活，但死後仍要歸葬在自己出生氏族的墓地裡。

每座墓葬裡，都有數量大體相近的隨葬品。這是因為古代的人們都有靈魂不滅的觀念，認為人死後還和生前一樣地生活着，所以就要給死者隨葬一些生前生產、生活所需的東西。隨葬品中以汲水、炊煮、盛置和飲食等成套的陶製生活用具居多，也有少數的裝飾品或生產工具。各個墓葬中的隨葬品的種類和數量大體相同，一般沒有顯著差別，這說明私有制還沒有出現。不過有些女性墓的隨葬品比男子的多，可能由於當時婦女的社會地位較高。

仰韶文化的墓葬習俗，充分反映了當時社會關係的基本情況。

夭折的兒童，多採用甕棺葬。死者被裝入一個大型的陶甕裡，再在甕口蓋上一個陶盆或陶鉢，盆鉢的底部還鑿上一個孔，然後將甕棺埋入地下。年齡稍大一些的用兩個陶甕或尖底瓶對合在一起。甕棺多埋葬在村落裡房子附近或地基下面，有的也和母親一起埋葬在氏族公共墓地裡。

仰韶文化墓葬中的人骨，經人類學家研究，都屬於蒙古人種，並接近於現代華南人的體質，證明仰韶文化的人們正是我們的祖先。

上面的敘述，為我們描繪出一幅仰韶文化人們生活的圖景。從這裡，我們了解到七八千年前的人類是怎樣地生活着。那時候，還沒有階級，每個人都是氏族部落的成員，他們在一起共同勞動，共同消費，過着平等的生活。但是，由於當時生產水平很低，人們的生活是極為艱苦的。

他們為了生存，和大自然進行着長期而艱苦的鬥爭。他們以自己辛勤的勞動創造着歷史，為人類的文明做出了巨大的貢獻。

注釋：

① 母系氏族外婚制規定，本氏族的兄弟姊妹不能通婚，兄弟必須到相互通婚的對方氏族女子中尋找配偶。

責任編輯　梅　林
書籍設計　林　溪
責任校對　江蓉甬
排　　版　周　榮
印　　務　馮政光

書　　名　仰韶文化
叢 書 名　大家歷史小叢書
作　　者　安志敏
出　　版　香港中和出版有限公司
　　　　　Hong Kong Open Page Publishing Co., Ltd.
　　　　　香港北角英皇道四九九號北角工業大廈十八樓
　　　　　http://www.hkopenpage.com
　　　　　http://www.facebook.com/hkopenpage
　　　　　http://weibo.com/hkopenpage
　　　　　Email: info@hkopenpage.com
香港發行　香港聯合書刊物流有限公司
　　　　　香港新界大埔汀麗路三十六號三字樓
印　　刷　美雅印刷製本有限公司
　　　　　九龍觀塘榮業街六號海濱工業大廈四樓A
版　　次　二〇二〇年五月香港第一版第一次印刷
規　　格　三十二開（128mm × 188mm）六十四面
國際書號　ISBN 978-988-8694-21-1